BEI GRIN MACHT SICH IHR WISSEN BEZAHLT

- Wir veröffentlichen Ihre Hausarbeit,
  Bachelor- und Masterarbeit

- Ihr eigenes eBook und Buch -
  weltweit in allen wichtigen Shops

- Verdienen Sie an jedem Verkauf

Jetzt bei www.GRIN.com hochladen
und kostenlos publizieren

Bibliografische Information der Deutschen Nationalbibliothek:

Die Deutsche Bibliothek verzeichnet diese Publikation in der Deutschen National-
bibliografie; detaillierte bibliografische Daten sind im Internet über http://dnb.d-
nb.de/ abrufbar.

Impressum:

Copyright © 2012 GRIN Verlag, Open Publishing GmbH
Druck und Bindung: Books on Demand GmbH, Norderstedt Germany
ISBN: 9783656350125

Dieses Buch bei GRIN:

http://www.grin.com/de/e-book/207440/themistokles-eine-biographie

Louise Dober

Themistokles - Eine Biographie

GRIN Verlag

GRIN - Your knowledge has value

Der GRIN Verlag publiziert seit 1998 wissenschaftliche Arbeiten von Studenten, Hochschullehrern und anderen Akademikern als eBook und gedrucktes Buch. Die Verlagswebsite www.grin.com ist die ideale Plattform zur Veröffentlichung von Hausarbeiten, Abschlussarbeiten, wissenschaftlichen Aufsätzen, Dissertationen und Fachbüchern.

Besuchen Sie uns im Internet:

http://www.grin.com/

http://www.facebook.com/grincom

http://www.twitter.com/grin_com

Universität Stuttgart
Historisches Institut
Abt. Antike
Übung: „Militärgeschichte der Römischen Republik"
WS 2012/13

Biographie
„Themistokles"

Louise Dober
Geschichte/Politikwirtschaftswissenschaften
LA Neu/ 5. Semester

Gliederung   Seite

1. Einleitung und Problematik

Diese Biographie befasst sich mit dem antiken Feldherrn und Politiker Themistokles. Die notwendigen Quellen sind zwar zahlreich vorhanden, doch widersprechen sich diese leider immer wieder, was eine klare und sinnvolle Biographieschreibung erschwert. So schreibt Albrecht Behmel in seiner Darstellung des Themistokles: „Alles in allem jedoch sind wir auf Spekulationen angewiesen, wenn es um die Herkunft und die Stellung seiner Familie geht."[1] Auch sehen die Darstellung des Themistokles bei Cornelius Nepos[2], Thukydides und Plutarch[3] sehr verschieden aus. So orientiert sich Nepos an Thukydides und schreibt relativ nüchtern, wobei Plutarch doch eher zu Übertreibungen neigt. Somit wird in dieser Biographie versucht, eine sinnvolle und gerechte Linie zwischen den antiken Autoren zu ziehen und ein harmonisches Bild des Themistokles zu zeigen.

2. Biographie

a) Die Jugend

Themistokles wurde um 525 v. Chr. wahrscheinlich bei Phyla geboren. Sein Vater Neokles stammte aus dem altattischen und angesehenen Adelsgeschlecht der Lykomiden *(Lykomidai)*, einem Priestergeschlecht, das den Mysterienkult in Phlya verehrte. Der Vater soll einige Zeit in Argos verbracht haben und ein „homo generosus"[4] gewesen sein. Die Familie führte zwei Linien, der Vater und der gleichnamige Onkel Themistokles stammten aus der jüngeren und weniger bedeutenden Familie ab. Der Familie des Protagonisten Themistokles unterstand auch die Aufsicht über das Heiligtum des erdgeborenen Heroen Phylos und des orgiastischen Kultes des Apollon Daphnephoros, dem enttäuschten Entführer der Bergnymphe Daphne.[5] Von der Mutter weiß man leider nicht viel. So soll sie aus Thrakien gestammt und Euterpe geheißen haben[6]. Sie war somit eine Nicht-Athenerin und ihrem Sohn Themistokles war es folglich verwehrt, in der Stadt Athen seine Leibesübungen mit anderen Athenern zu exerzieren und anerkannte Gelehrte als Lehrer zu haben. Dieser Umstand sollte ihm später in

---

[1] Behmel, Albrecht (Hg.): Themistokles, Sieger von Salamis und Herr von Magnesia. Die Anfänge der Athenischen Klassik zwischen Marathon und Salamis. Stuttgart 2001. S. 21.
[2] Nepos, Cornelius: Themistocles [http://www.gottwein.de/Lat/nepos/themist01.php] Stand: 03.12.2012.
[3] Plutarch: [Eingeleitet und übersetzt von Konrad Ziegler] Grosse Griechen und Römer. Zürich 1954. Bd. 1.
[4] Generosus: wohlhabende Männer, die viele Anhänger und ein üppiges Klientel gewonnen haben, oder Liturgien, wie etwa eine Chorregie übernehmen.
[5] Behmel: S. 22.
[6] Behmel: S. 21.

seinem Leben kein Nachteil sein. Themistokles verbrachte seine Jugendzeit damit, Unmengen an Geld zu verschwenden, und ließ sich bei „Wein, Weib [und Gesang]" gehen[7]. Behmel, Plutarch und Cornelius Nepos beschreiben den Charakter des Themistokles so: Er sei durch sein „soziales Defizit" sehr ehrgeizig gewesen und habe nach Macht gestrebt, durch die schlechtere soziale Position bei den Athenern wurde er strategisch klüger als alle anderen. Er habe sich zwar bei den Gymnasien hervorragend geschlagen (er konnte mit anderen nicht-athenischen Söhnen und unehelichen Kindern vor den Toren Athens auf einem dem Herakles geweihten Platz von Kynosarges trainieren[8]), aber er war künstlerisch absolut unbegabt, da er kein einziges richtiges Instrument beherrschen konnte, was zu seiner Zeit aber enorm wichtig war, denn die jungen Männer sollten nicht nur kämpfen, sondern auch allerlei Texte und Lieder perfekt vortragen können und somit auch die Fertigkeit des freien Redens fehlerlos beherrschen. Demgemäß habe Themistokles einmal gesagt: „Aufs Leierstimmen und Saitenzupfen verstehe ich mich allerdings nicht, wohl aber darauf, einen Staat, den ich klein und unbedeutend übernommen habe, zu Ruhm und Größe emporzuführen."[9] Oft war er als Richter in Privatprozessen tätig, sprach häufig in Volksversammlungen und es gab bald keine Sache, die man nicht ohne ihn unternommen hatte.[10] Die aus der Außenseiterrolle resultierende soziale Benachteiligung wusste Themistokles abzuschwächen, indem er die Söhne der Stadtaristokratie dazu bewegte, mit ihm vor den Stadtmauern zu trainieren. Mit dieser List habe er die Schranken zwischen den Halb- und Vollbürgern niedergelegt. Somit stieg die Zahl seiner Freunde, die Einfluss hatten, sehr schnell an. Weiters schreibt man, er solle sehr imponierend gewesen sein, rhetorisch gewandt und sehr temperamentvoll[11]. Er wurde von Mnesiphilos[12], einem umherreisenden Lehrer, unterrichtet, der ihm dann sagte, dass aus ihm etwas Großes werden würde, ob im Guten oder Bösen[13]. So habe sein Vater, laut Plutarch, Themistokles an den Strand geführt, um ihm dort die alten verfallenen Trieren zu zeigen, damit er sehe, dass sich kein Mensch mehr kümmere und dazu habe er noch hinzugefügt, dass so das Volk mit seinen Führern verfahre, wenn sie ihren Dienst getan hätten.[14] So habe Neokles versucht, seinen Sohn von der Idee der öffentlichen Laufbahn abzubringen.

---

[7] Plutarch: S. 185.
[8] Behmel: S. 22.
[9] Plutarch: S. 366.
[10] Nepos: Viri illustres, Themistocles 2.
[11] Plutarch: S. 367; Er sei somit, zusammenfassend gesagt, schon als junger Knabe ein Gewinner-Typ gewesen.
[12] Lehrte die Philosophie des Solon. Diese befasste sich mit der „Weisheit", d. h. es ging darum, die Menschen auf das Leben vorzubereiten.
[13] Plutarch: S. 366.
[14] Plutarch: Themistokles 2.

Wie alle jungen Männer verfiel auch Themistokles der Liebe. Er verliebte sich in den Jungen Stesileos aus Keos. Wie es nun manchmal so ist, verliebte sich auch Aristeides, der Sohn des Lysimachos in diesen Jungen. Seit diesen Tagen waren Themistokles und Aristeides die größten Feinde und diese Feindschaft blieb, bis auf wenige Ausnahmen, bis zu beider Tod bestehen.

b) *Politischer Aufstieg*

Zur Zeit seines Eintritts in die Politik waren die Tyrannen vertrieben. Athen war dem peloponnesischen Bunde beigetreten; zugleich hatte Kleisthenes sich im Moment der Spannung mit Sparta Persien in die Arme geworfen und sich politisch damit selbst erledigt. Themistokles wurde 493/92 v. Chr. zum *árchon* ernannt und kam in den Areopag. Sein politischer Aufstieg begann nach dem Sieg des Miltiades bei Marathon im Jahre 490 v. Chr.: Er habe als *straegós* gekämpft. Er wurde von so großem Ehrgeiz und Neid ergriffen, dass er nur noch an seinen politischen Erfolg denken konnte und sogar unter Schlaflosigkeit gelitten haben soll.[15] Er ahnte jedoch, dass es nicht bei dieser einen Schlacht gegen die Perser bleiben würde, weshalb er bekanntgab, dass es noch weitergehen würde.[16] Weiters schreibt Cornelius Nepos: Den ersten Schritt, die Leitung des Staates in seine Hände zu bringen, unternahm er im Krieg gegen Kerkyra. Vom Volk zu dessen Führung ernannt, verstand er es, nicht nur für den augenblicklichen Kampf, sondern auch für die Zukunft das Volk kriegslustiger zu machen. Themistokles hatte nun durch seinen Einfluss, seinen Charme und seine spitze Zunge die Tore zu seinem eigentlichen Plan durchdrungen: den Ausbau der athenischen Flotte. Man erfährt, dass Themistokles nunmehr sein großes Ziel erkannte: die Abwehr der auch nach 490 v. Chr. drohenden persischen Gefahr[17], wobei sein persönlicher Ehrgeiz neben nationalen Motiven eine Rolle gespielt haben muss[18]. Was Themistokles schaffen wollte, war eine starke Seemacht (wobei die Athener und Spartaner immer fest der Überzeugung waren, dass man besser auf Land kämpft). Hier stellte sich ihm aber sein ärgster Feind, Aristeides, mit einer Ostrakisierung in den Weg[19]. Themistokles sah hier keine andere Lösung, als Aristeides als potentiell gefährlich zu denunzieren und setzte dessen Ostrakisierung durch. Somit wurde Aristeides für zehn Jahre des Landes verwiesen.[20]

---

[15] Behmel: S. 27.
[16] Plutarch: Themistokles 3.
[17] Plutarch: Themistokles 3.
[18] Vgl. die Anekdote, dass er aus lauter Neid bei Miltiadis unter Schlaflosigkeit gelitten hatte.
[19] Scherbengericht
[20] Plutarch: Aristeides 7.

Es fiel Themistokles nicht schwer, die Athener zu einem Flottenbau zu überzeugen. Er drohte ihnen nicht mit dem Schreckgespenst des Dareios und der Perser, denn diese waren ja weit weg, und die Furcht, sie könnten wiederkommen, saß gar nicht so tief. Vielmehr benutzte er im richtigen Augenblick den Hass und die Eifersucht seiner Mitbürger gegen die Aigineten, um seine Rüstungspläne durchzuführen. Der Bau von 100 Trieren war sehr kostspielig und so wusste Themistokles nur eine Lösung: die Silberminen bei Laureion. Diese Gelder flossen zuvor hauptsächlich in die Staatskasse und wurden von den zuständigen Behörden nutzlos vertan[21]. Daher überredete Themistokles die Athener zur Verwendung der Gelder. Wie sich wohl die Rede angehört haben mag, kann man sich fast bildlich vorstellen: Rhetorisch perfekt vorgetragen, viele Metaphern und Vergleiche und vor allem durch den Pathos und die Leidenschaftlichkeit des Themistokles war der Vortag vor der Volksversammlung sicherlich eine unfassbar fesselnde Rede. Somit waren die 100 Trieren im Jahre 483/2 v. Chr. schnell gebaut und rasch einsatzbereit. Diese neue Flotte war in Athen eine absolute Neuheit, denn vorher hatten sie für Kriegszwecke zur See nur die Naukrarien. Hierbei handelte es sich um gestellte Schiffe von Privatleuten. Diese Trierenflotte war somit die erste „staatliche Kriegsflotte". Mit diesem Schritt war Athen der wichtigste Bundesstaat im peloponnesischen Bunde und Themistokles war zum Vorkämpfer für die Abwehr gegen die Perser geworden. Es ist im Allgemeinen wenig bekannt über die politischen Tätigkeiten des Themistokles im Bundesverband.

c) Erfolg auf voller Linie

Im Jahr 480 v. Chr. wurde Themistokles dann zum Strategen ernannt, denn er hatte Epikydes bestochen, damit er nicht das Kommando in der Schlacht gegen die Perser übernahm, da er seine Flottenpläne in Gefahr sah. Seine Bestechung war erfolgreich und er wurde daher zum Kommandanten ernannt. Wenige Zeit später trat er auf Gefahr des Verbündetenstreits wegen des Oberbefehls sein Kommando an Eurybiades ab, weil die Athener zu Themistokles standen, die Spartaner hingegen nicht[22].

„Die Athener aber beruhigte er mit dem Versprechen, wenn sie sich im Kriege wacker hielten, werde er es zustande bringen, dass ihnen Griechenland künftig aus freien Stücken Gefolgschaft leiste. So darf man wohl in ihm den eigentlichen Retter sehen und gleichzeitig den Mann, welcher durch Tapferkeit, die Bundesgenossenschaft durch Vernunft und guten Willen überwunden zu haben."[23] Bevor Themistokles aber in den Krieg zog, säuberte er mit

---

[21] Nutzlos vertan: So schreibt es Cornelius Nepos in seiner Themistokles-Biographie.
[22] Plutarch: Themistokles 7.
[23] Plutarch: Themistokles 7.

seinen Seeleuten die Küsten von Seeräubern, bereicherte die Athener mit Beute und auch mit viel Erfahrung auf See. Daher waren sie bis zum Kriegsbeginn erfahren genug, um nicht gleich unterzugehen.

Demgemäß zogen sie in die Schlacht auf das offene Meer. Eurybiades war mit den 100 Schiffen vor der Küste, bekam aber solch große Angst vor den Persern, dass er wieder abziehen wollte. Zur gleichen Zeit hielten die Euboiern mit Themistokles geheime Verhandlungen ab und schickten ihm Pelagon, einen Gesandten, mit viel Geld zu. Themistokles habe das Geld zwar genommen, es aber dann Eurybiades gegeben.[24] Themistokles konnte mit Geld und einer heroischen Rede an Bord einer Triere den Rückzug abwenden.

In dieser Zeit, im Herbst 481 v.Chr., begannen die Athener alle wegen krimineller Delikte Verbannten zurückzurufen. So kam auch Astreides[25] wieder zurück und dann direkt zu Themistokles. In dieser Zeit betrieben die Athener viel „Außenpolitik"[26] mit den anderen griechischen Staaten, die davor im Konflikt lagen. Doch jede Strategie und militärische Taktik wäre sinnlos gewesen, wenn nicht das Orakel von Delphi seinen Spruch dazugegeben hätte. Das Orakel gab erst den völlig entmutigenden Spruch „Flieht ans Ende der Welt!" durch und das Gebot, sich hinter „hölzernen Mauern" zu verschanzen. Doch Themistokles wusste, wie er diesen Spruch zu seinen Zwecken umbauen konnte. Daher sprach er noch einmal an das Volk und versicherte den Menschen, dass mit den „hölzernen Mauern" die Trieren gemeint seien. Diese List rettete vielen Menschen das Leben. Die Frauen und Kinder wurden nach Troizen evakuiert, wo sie zwei Obolus pro Tag, freies Obst und Lehrer für die Kinder bekamen – finanziert aus der Staatskasse. Die Alten hingegen mussten in der Stadt bleiben und auf ihren Tod warten. Die Männer nahm man mit auf die Trieren, um dort zu kämpfen. Leonidas, König der Lakedaimonier, vertraute auf die klassische Methode, zu Fuß. Er versuchte, die Thermopylen zu besetzen und die Barbaren am Vormarsch zu hindern, sie konnten jedoch die feindliche Übermacht nicht aufhalten und gingen, ohne ihren Platz zu verlassen, bis auf den letzten Mann zugrunde.[27] Nun sollten die Athener den Rückzug freihalten. Themistokles fuhr längs der Küste und suchte die Landungsplätze oder geschützte Buchten auf, an denen Feinde notwendigerweise anlegen mussten. Er ließ dort sichtbare Inschriften, auf Stein gemeißelt, anbringen. Darin wendete er sich an die Ionier mit der

[24] Plutarch: Themistocles 7.
[25] Denn die Athener hatten Angst, dass Astreides sie an Xerxes verraten könnte, weil er per Scherbengericht verbannt worden war.
[26] Ein Kongress der zu Abwehr Entschlossenen unter Führung Spartas sollte ein strategisches Konzept entwickeln.
[27] Nepos: Themistocles 2.

nachdrücklichen Aufforderung, sie sollten, wenn möglich, auf die griechische Seite übertreten, denn die Griechen seien ihre Stammväter und Griechen stünden jetzt für ihre Freiheit im Kampf. Wenn dies aber nicht ginge, sollten sie wenigstens die Barbaren behindern und Verwirrung in ihre Reihen tragen. Die Griechen hofften auf der Landseite weiterhin auf die Hilfe des Peloponnes und leisteten keinen Widerstand. Themistokles blieb keine andere Wahl, als seinen treuesten Sklaven, der Perser war, zu Xerxes zu schicken und ihm eine Nachricht zu überbringen: Die Gegner des Xerxes seien im Begriff zu fliehen. Und hier funktionierte schon seine nächste List: Er schickte Xerxes in seine Richtung. Auf diesem Weg überfiel Xerxes Athen und brannte die Stadt mit den Alten und Priestern nieder. Am nächsten Tag fand sich Xerxes an einer Meeresenge, von der er keine Kunde hatte. Diese Stelle sei so eng gewesen, dass sich seine Flotte nicht ausbreiten konnte. Jetzt schnappte die Falle des Themistokles zu: Nach Einsetzen der Flut trug sie die persischen Schiffe auf die der athenischen Flotte zu. Die Trieren des Themistokles hatten keinen großen Tiefgang, wohingegen die der Perser so schwer waren, dass sie stecken blieben und die Athener die Perser problemlos vernichten konnten. So wurde Griechenland durch die Klugheit eines einzigen Mannes vor der Unterdrückung bewahrt und Asien von Europa besiegt.[28]

Aber Themistokles war nicht nur im Krieg überzeugend, sondern er verstand es auch in Friedenszeiten, seine Pläne durchzusetzen. Da man sich nun in Frieden befand, brauchten die Staatstrieren einen Heimathafen. Da der Hafen in Phaleron nicht geräumig und auch nicht brauchbar war, legte er einen neuen und größeren in Piräus an und umgab ihn mit Mauern. Da diese Mauern nicht nur dem Hafen Schutz bieten sollten, entschied er sich dafür, den Rat davon zu überzeugen, die Stadt Athen selbst in Mauern zu hüllen. Dass es hier hin und wieder Probleme mit den Spartanern gab, ist wohl selbstredend. Diese Probleme umging er mit dem Geiseltausch: Es kamen Spartaner nach Athen, welche er festhalten ließ; im Gegenzug ging er nach Sparta und sagte den Spartanern, sie bekämen ihre Leute nur, wenn sie ihn gehen ließen. In dieser Zeit wurde brillanterweise die Mauer Athens fertig gestellt. Doch genau hier endete auch seine Karriere bei den Athenern.

d) Die letzten Jahre des Themistokles

Er fiel in Missgunst bei seinen Mitbürgern und wurde durch das Scherbengericht, wie auch Miltiadis, verurteilt. So flüchtete Themistokles ins Exil nach Argos, in die Stadt, in der sein Vater homo generosus war. In seiner Abwesenheit wurde er in Athen des Hochverrats verurteilt und man unterstellte ihm, er habe gemeinsame Sache mit Xerxes gemacht. Als

---

[28] Nepos. Themistocles 4 & 5.

Themistokles dies zu hören bekam, flüchtete er nach Kerkyra, da er einsehen musste, dass er in Argos nicht mehr sicher war, denn die Argonier wollten keine Probleme mit den Spartanern haben. Wiederum fürchteten die argonischen Behörden eine Kriegserklärung auf Seiten von Sparta und Athen und so floh Themistokles weiter zu Admetos, dem Molosserkönig, mit welchem ihm alte Gastfreundschaft verband. Wieder nutzte Themistokles die List der Geisel: Er ging in die Stadt, schnappte sich die Tochter des Königs und verbarrikadierte sich im Tempel. So verkündete er, er gebe dessen Tochter erst dann her, wenn er dafür Immunität bekommen würde. Der König hielt sein Versprechen. Trotz alledem forderten Athen und Sparta die Auslieferung. Der König weigerte sich, ermahnte ihn aber, er solle sich selber helfen. Unser Flüchtling bestieg ein Schiff und landete inkognito in Ephesos.[29]

So schreibt Thukydides: „Ich, Themistokles, komme zu Dir, der ich Deinem Geschlecht von allen Griechen am meisten Böses getan habe, als es nötig war, gegen Deinen Vater zu kämpfen und mein Vaterland zu verteidigen. Mehr noch aber habe ich ihm Gutes erwiesen, als ich in Sicherheit war, er aber in Gefahr geriet. Denn als er nach der Schlacht von Salamis nach Asien zurückkehren wollte, habe ich ihn durch einen Brief benachrichtigt, es sei geplant, die Brücke, die er über den Hellespont gebaut hatte, abzubrechen, sodass er von seinen Feinden eingekreist sein würde. Durch die[se] Nachricht [...] rettete ich sein Leben." Dies soll er zum Sohn des Xerxes, Artaxerxes gesagt haben. Der König war beeindruckt und gewährte ihm die Bitte. Daher lernte Themistokles die Sprache und Schrift der Perser so gut, dass er sich besser artikulieren konnte als einheimische Perser. Er wählte den Wohnort Magnesia als seine neue Heimat und starb dann wenige Zeit später an einer Krankheit. Man spekuliert, dass er sich an Stierblut vergiftet habe; diese Spekulation wurde aber in einer Abhandlung[30] widerlegt. Man schenkte ihm ein Andenken in Magnesia. Auch berichtet Thukydides, dass durch den Hochverrat seine Gebeine nicht ordnungsgemäß beigesetzt werden konnten und ihn seine Freunde heimlich in Attika beigesetzt haben.[31]

---

[29] Nepos: Themistocles -9.
[30] http://www.rhm.uni-koeln.de/091/Fuehner.pdf [Stand: 09.12.2012]
[31] Nepos. Themistocles -10.

3. Literaturverzeichnis

Quellen

- Nepos, Cornelius: Themistocles [http://gottwein.de/Lat/nepos/themist01.php]

- Plutarch: [Eingeleitet und übers. v. Ziegler, Konrat] Grosse Griechen und Römer. Bd. 1. Zürich 1954.

Literatur:

- Behmel, Albrecht (Hrsg.): Themistokles, Sieger von Salamis und Herr von Magnesia. Die Anfänge der Athenischen Klassik Zwischen Marathon und Salamis. Stuttgart 2001.

- Cancik, Hubert; Schneider, Helmut (Hrsg.): Der neue Pauly. Enzyklopädie der Antike. Bd. 12/1. Spalten: 306-307. Stuttgart 2002.

- Kroll, Wilhelm; Mittelhaus, Karl (Hrsg.): Paulys Realencyclopädie der classischen Altertumswissenschaft. Bd.10/1. Spalten: 1686-1697. Stuttgart 1962.

- http://www.rhm.uni-koeln.de/091/Fuehner.pdf [Stand: 09.12.2012]